(美) 詹姆斯·M·库泽斯(James M. Kouzes)
巴　里·Z·波斯纳(Barry Z. Posner) 著

THE LEADERSHIP CHALLENGE® WORKSHOP

An Introduction to the Five Practices of Exemplary Leadership: Participant Workbook

领越® 领导力研修

学员手册(精要版)

付豫波 译　郑晓明 审校

電子工業出版社
Publishing House of Electronics Industry
北京·BEIJING

James M. Kouzes & Barry Z. Posner: An Introduction to the Five Practices of Exemplary Leadership: Participant Workbook
ISBN: 9780470591987

版权贸易合同登记号　图字：01-2012-4458

图书在版编目（CIP）数据

领越领导力研修：精要版. 学员手册 /（美）库泽斯（Kouzes,J.），（美）波斯纳（Posner,B.）著；付豫波译. —北京：电子工业出版社，2012.8
ISBN 978-7-121-17712-5

Ⅰ. ①领…　Ⅱ. ①库…　②波…　③付…　Ⅲ. ①领导学—研究　Ⅳ. ①C933

中国版本图书馆 CIP 数据核字(2012)第 168069 号

责任编辑：刘露明
印　　刷：北京盛通印刷股份有限公司
装　　订：北京盛通印刷股份有限公司
出版发行：电子工业出版社
　　　　　北京市海淀区万寿路 173 信箱　邮编 100036
开　　本：889×1194　1/16　印张：6.25　字数：120 千字
版　　次：2012 年 8 月第 1 版
印　　次：2023 年 11 月第 20 次印刷
定　　价：499.00 元

凡所购买电子工业出版社图书有缺损问题，请向购买书店调换。若书店售缺，请与本社发行部联系，联系及邮购电话：（010）88254888，88258888。
质量投诉请发邮件至 zlts@phei.com.cn，盗版侵权举报请发邮件至 dbqq@phei.com.cn。
本书咨询联系方式：（010）88254199，sjb@phei.com.cn。

目 录

导言

领导是每个人的事

当今世界充满挑战和机会：我们有无数的机会去改变这个世界。我们有机会燃起希望，让我们的生活变得富有意义；我们有机会去重建集体归属感，加深不同人之间的相互理解；我们有机会把信息变成知识，提高大家的生活水平；我们有机会把知识转化成产品和服务，为客户创造更大的价值；我们有机会在工作场所发挥不同人的聪明才智，把它们用于我们的产品和服务之中；我们有机会在薪资攀比战如此频繁的年代追求和平；我们有机会利用技术编制人际关系的网络；我们有机会更好地平衡 24/7/365 天天时时似乎都一样的日常生活；我们也有机会在变幻莫测的时代认准方向，给人们提供帮助和支持。

我们从来都没有像现在这样，如此迫切地需要有人能抓住这些机会带领我们大家走向辉煌；我们也从来没有像现在这样，如此迫切地需要领导者来点燃我们的梦想，激发我们的参与精神和锲而不舍的态度。领越®领导力研修恰好为你提供了一个成为这种领导者的机会：它可以让你积极行动，抓住机会，成就卓越。

欢迎踏上旅程，找到乐趣！

詹姆斯·库泽斯
巴里·波斯纳

自 1982 年起我们就开始了研究，我们有幸耳闻目睹许许多多普通而平凡的人带领大家完成艰巨任务的故事。我们所收集的这些故事中的主人公，不是著名政要或显赫的 CEO，也不是媒体名人或富有传奇色彩的企业家。

我们的研究对象，就是你的邻居、同事或朋友，就是一些和你一样平凡的人。这样的选择不是没有目的的。要是没有这些普通人（包括你在内），任何辉煌的事业都将是空中楼阁。倘若从上述全部案例中只能得出一个有关领导力方面的启示，那么这个启示就是：**领导是每个人的事。**

卓越领导五种习惯行为®（The Five Practices of Exemplary Leadership®）建立在事实的基础之上。我们所讲述的故事、给出的实例及指导的活动来源于真实世界。我们相信你能学会如何成为一个更好的领导者，相信你会比现在取得更大的成就。

想成为领导者，并相信自己有能力进行领导，是培养领导力的起点。但是，从这一起点出发去探索新的领域，才是学习的唯一途径，而这也正是我们设计领越®领导力研修的方式。这是一个自我发现的旅程，揭示你的个人内心世界是这一旅程的开始，投身于感召他人一起成就卓越是它的终点。

“我们作为人类和领导者的优势与我们的外表没有任何关系。然而，它和我们的所思所为息息相关。领导力存在于我们生活的方方面面。”

——维罗尼卡·格雷罗（Veronica Guerrero）
赢得优势的研究者

认准方向

Orienteering

基本观点

- 领导是每个人的事。
- 领导力是一种关系。
- 领导力提升是一种自我提升。
- 最好的领导者也是最好的学习者。
- 领导力提升不是一个事件，而是一个持续的过程。
- 要想成为一个优秀的领导者需要实践——刻意地实践。
- 领导力是一种追求和选择。

"每个人都会遇到领导的机会，能否成为领导者的关键在于你如何面对领导的机会。"

——米歇尔·高恩斯（Michele Goins）
惠普成像和打印集团首席信息官

如果某人走进房间并且说……

“嗨，我是你的新领导。”

你想问这个人什么问题？

研修目标

参加卓越领导五种习惯行为研修之后，你将能够做到以下几点：

- 描述卓越领导五种习惯行为。
- 说出人们追寻与尊敬的领导者的品质，阐述你对领导力的定义。
- 使用领导者习惯行为清单（Leadership Practices Inventory，即领越® LPI 评测），确定你的领导行为中哪些是你的优势，哪些是你需要改进的。
- 应用至少一种方法提高你的五种习惯行为的每一种。
- 在你的组织中，对于你要做出的有助于超越平凡的事做出承诺。

我的目标：

个人最佳领导经历

准备参加本研修之前，你已将自己的最佳领导经历都写下来了。现在，花上几分钟时间来回顾你所写下的内容，准备好讲述自己的故事。同时，还要准备好认真倾听你的同伴所讲述的一些成就卓越的故事。

在听同伴讲述他们的故事时，他们成功地开展领导活动的关键行为、行动和态度是什么？

有什么共同的领导习惯、行动、行为或中心主题贯穿所有的故事？

领导力就是“动员他人为了共同的愿望而努力奋斗的艺术”。

LEADERSHIP IS...

“THE ART OF mobilizing others TO want TO STRUGGLE FOR shared aspirations.”

——詹姆斯·库泽斯和巴里·波斯纳

（Jim Kouzes and Barry Posner）

卓越领导五种习惯行为

如何让别人心甘情愿地追随你，特别是当你在设法穿越陌生地带的时候？如何动员他人和你一起朝着共同的目标前进？如何使他人自愿去成就卓越？

我们考察了 12 000 多个案例，分析了 100 多万份调查问卷，访问了 500 多人之后发现，正是在努力做到最佳的过程之中，普通人才得以成长为领导者。

通过研究领导者的个人最佳领导活动，我们找到了大多数卓越领导者所共同具有的五种习惯行为。

当领导者表现最佳的时候，他们：

1. 以身作则
2. 共启愿景
3. 挑战现状
4. 使众人行
5. 激励人心

卓越领导五种习惯行为
The Five Practices of Exemplary Leadership

1. 以身作则 Model the Way

- 明确自己的价值观，找到自己的声音。
  Clarify values by finding your voice and affirming shared ideals.
- 使行动与共同的价值观保持一致，为他人树立榜样。
  Set the example by aligning actions with shared values.

2. 共启愿景 Inspire a Shared Vision

- 展望未来，想象令人激动的、崇高的各种可能。
  Envision the future by imagining exciting and ennobling possibilities.
- 描绘共同愿景，感召他人为共有的愿望奋斗。
  Enlist others in a common vision by appealing to shared aspirations.

3. 挑战现状 Challenge the Process

- 通过捕捉创意和从外部获取创新方法来猎寻改进的机会。
  Search for opportunities by seizing the initiative and by looking outward for innovative ways to improve.
- 进行尝试和冒险，不断取得小小的成功，从实践中学习。
  Experiment and take risks by constantly generating small wins and learning from experience.

4. 使众人行 Enable Others to Act

- 通过建立信任和增进关系来促进协作。
  Foster collaboration by building trust and facilitating relationships.
- 通过增强自主意识和发展能力来增强他人的实力。
  Strengthen others by increasing self–determination and developing competence.

5. 激励人心 Encourage the Heart

- 通过表彰个人的卓越表现来认可他人的贡献。
  Recognize contributions by showing appreciation for individual excellence.
- 通过创造一种集体主义精神来庆祝价值的实现和胜利。
  Celebrate the values and victories by creating a spirit of community.

领越® LPI

- 领越® LPI是詹姆斯•库泽斯和巴里•波斯纳从“个人最佳领导经历”案例研究中所提炼出来的。研究资料不断显示：越是频繁地实施领越® LPI所评测的那些行为，领导工作就越是成功、有效。
- 卓越领导五种习惯行为每种都分别包含了6个具体表述，共30个表述。你和你的观察者对这些行为发生的频率进行打分，1分表示“几乎从不”，10分表示“几乎总是”。
- 领越® LPI所提供的信息，就是你和你的观察者对你的领导行为所做的评价。它不是测量你的智商、领导风格，也不是测量你的管理技能或个性。
- 研究显示，你越是频繁地实施领越® LPI所评测的那些领导行为，就越能够成为一名高效的领导者。

领越® LPI评测什么?

欲更多获得该研究的信息，可访问

www.leadershipchallenge.com/go/research

领越® LPI说明

请仔细阅读下列每项说明，使用右边的评分规则，问自己：

“在所描述的领导行为中，发生在我身上的频率有多高？”

- 对于行为所发生的频率要真实，要反映你表现出这些行为的频繁程度。
- 尽量诚实和准确。
- 不要依据你的喜好或者你认为你应该表现出来的想象来回答。
- 要依据你在日常生活中、工作中以及和他人交往中最常表现出来的行为来回答。
- 仔细考虑你的回答。例如，在所有行为上都打 10 分是最不可能准确描述你的表现的。同样地，在所有行为上都打 1 分或 5 分也不能准确描述你的表现。大部分人表现出来的某些行为或多或少比其他行为更频繁一些。
- 如果你感觉某个行为描述不适合你，有可能是因为你不经常表现出这个行为。在这种情况下，可以打 3 分或更低分。对于每个行为都要打分。

在你对所有30个行为表述打出分数后，从头到尾至少再浏览一遍，以确保你所给分数的准确性。对每个行为均要打分。

评测采取的是10分制，对每个行为均应选择一个合适的分数。

对于表述的每个行为，在右边的方框中给出相应的分数。

1. = 几乎从不

2. = 极少

3. = 很少

4. = 偶尔

5. = 不定期地

6. = 间或

7. = 还算经常

8. = 通常

9. = 非常频繁

10. = 几乎总是

领越® LPI问题（1～15）

1．在要求他人之前会以身作则。

2．会谈论未来的发展对我们现在所做工作的影响。

3．会寻找具有挑战性的机会来检验自己的技能和才干。

4．可以和同事建立起良好的合作关系。

5．表扬工作完成得好的所有人。

6．确定大家遵守已经达成一致的原则和标准。

7．能描绘出令人信服的我们的未来远景。

8．要求员工在所做的工作中尝试创新。

9．乐于倾听各种不同人的见解。

10．让团队的同事知道他对他们胜任工作的能力充满信心。

11．履行所做出的誓言和承诺。

12．呼吁大家与他一起分享对美好未来的憧憬。

13．积极地寻找创新的方法来改进我们的工作。

14．尊重他人的尊严。

15．确定对项目成功做出贡献的人得到了富有创意的认可。

领越® LPI问题（16～30）

16. 会对自己的行为如何影响他人的表现征询反馈意见。

17. 向大家展示他们的长期利益是可以在共同的目标和愿景下实现的。

18. 当事情同我们预期发展不一样时，会问“我们能从中学到什么？”。

19. 让大家参与制定那些直接影响他们工作绩效的决策。

20. 会当众表彰那些为实现共同价值而奋斗的人。

21. 努力使大家接受对组织运营最为有利的价值体系。

22. 能勾画出我们渴望实现的宏伟蓝图。

23. 能识别出可量化的里程碑以推动项目进度。

24. 给予员工充分的自由去决定如何进行他们的工作。

25. 讲述具有激励作用的其他人卓越工作的故事。

26. 自己的领导理念非常清楚。

27. 阐述我们所做工作的深远意义和目的，并对他所说的确信不疑。

28. 积极主动地预见和应对变化。

29. 确保员工能通过学习新的技能在工作中成长，并得到自身发展。

30. 亲自参与对人们的认可以及对目标实现的庆祝。

领越® LPI得分

说明

1. 将问卷的分数抄到以下空白处。题号的排列是从左到右。确保你所填写的分数与题号相对应。

2. 在最下面的方框中填上本列总分

1. ______	2. ______	3. ______	4. ______	5. ______
6. ______	7. ______	8. ______	9. ______	10. ______
11. ______	12. ______	13. ______	14. ______	15. ______
16. ______	17. ______	18. ______	19. ______	20. ______
21. ______	22. ______	23. ______	24. ______	25. ______
26. ______	27. ______	28. ______	29. ______	30. ______
总分：以身作则	总分：共启愿景	总分：挑战现状	总分：使众人行	总分：激励人心

领越® LPI评测分数说明什么

我们的研究显示，你在领越® LPI 评测中所获得的分数越高，他人就越认为你具有如下品质：

- 拥有很高的个人信誉。
- 能有效地满足与工作相关的要求。
- 具有较高的激励水平。
- 能代表自己的团队成功地面对高层管理者。
- 拥有一个高绩效的团队。
- 培养忠诚度，弘扬奉献精神。
- 减少旷工、掣肘现象，缓解压力。

此外，那些与你一起工作的人，也能明显地感觉到你的行为和战略更令人满意，更能兑现承诺，更有号召力，影响力也更大。

反思你的领越® LPI评测结果

卓越领导五种习惯行为中你表现最好的是哪种？哪种你可以有更大的进步？列出 2 ~ 3 个你自己打分最高和打分最低的具体行为。

1. ……………………………………

2. ……………………………………

3. ……………………………………

从你的评测反馈报告中你还能够得到其他想法、问题或者观察到的事项吗？

1. ……………………………………

2. ……………………………………

3. ……………………………………

“认准方向”小结

请思考你现在处于研修旅程中的哪一处。如果你现在完成本模块研修回到单位，你会告诉人们，作为一个领导者，你学到的最重要的内容是什么？

习惯行为1

以身作则

Model the Way

以身作则

为了有效地为他人树立榜样，领导者必须明确他们的指导原则，清晰且明确地说出他们的价值观，即他们认为什么是应该的。他们还要有一套使组织卓尔不群、不同凡响的共同的原则和观念。

但是，用优美而动人的词句表达个人的价值观尚不够，领导者还必须能坚守自己的信念，言行一致。他们要以自己为榜样告示他人：自己坚守的价值观是自己的立身之本。领导者都知道，尽管他们的职位能给自己带来相应的权力，但能为其赢得追随者尊重的却是他们的行为。正是言行一致，树立了领导者的信誉。

学习目标

明确自己的价值观，找到自己的声音。

使行动与共同的价值观保持一致，为他人树立榜样。

受人尊敬的领导者的品质
Characteristics of an Admired Leader

在要求被调查者选出 7 种最受尊敬的领导者的品质时所获得的百分比。

本组 调查结果

______ ______ **有雄心（Ambitious）**
（有追求、刻苦、勤奋）

______ ______ **心胸宽广（Broad-minded）**
（心态开放，灵活，大度，宽容）

______ ______ **关心别人（Caring）**
（体贴周到，有爱心，关心人，爱护人）

______ ______ **有能力（Competent）**
（能干，业务娴熟、专业，且富有效率和效果）

______ ______ **合作（Cooperative）**
（协作，富有团队精神，反应积极）

______ ______ **勇敢（Courageous）**
（胆量大，敢于冒险，英雄无畏，态度坚毅）

______ ______ **可靠（Dependable）**
（可信，审慎周全，能担当责任）

______ ______ **果断（Determined）**
（坚定，果敢，持之以恒，有主见）

______ ______ **公平（Fair-minded）**
（公正，无偏见，客观，有包容之心，能体谅他人）

______ ______ **有前瞻性（Forward-looking）**
（有远见，有理想，关注未来，有方向感）

本组 调查结果

______ ______ **真诚（Honest）**
（诚实，正直，可信，有人格魅力）

______ ______ **有想象力（Imaginative）**
（有创造力，富有创新意识和好奇心）

______ ______ **独立（Independent）**
（自立，自主，自信）

______ ______ **能激发人（Inspiring）**
（积极，热情，有活力，幽默，对未来充满乐观而积极的态度）

______ ______ **聪明（Intelligent）**
（明智，有思想，有见地，有知识，思维敏捷且富有逻辑性）

______ ______ **忠诚（Loyal）**
（值得信赖，有责任心，有献身精神）

______ ______ **成熟（Mature）**
（有经验，智慧，有内涵和城府）

______ ______ **有自制力（Self-controlled）**
（能自我遏制，自律）

______ ______ **坦率（Straightforward）**
（耿直，坦诚，率真）

______ ______ **能支持别人（Supportive）**
（助人为乐，能支持和宽慰他人）

追随者眼中理想的领导者

受人尊敬的领导者的 4 种品质

研究表明，人们总是会选择4种品质来描述他们愿意追随的领导者。

把理想的领导者的 4 种品质组合起来，就是沟通专家所谓的“**信息源可信度**”。沟通专家认为，某人若是具有如下 3 种品质，人们便认为他是可信任的信息源。

信息源可信度的构成要素

信誉对组织的影响

若人们认为自己的领导者具有较高信誉，那么他们可能会：

- 骄傲地告诉其他人他们是该组织的一部分。
- 具有很强的团队意识。
- 认为自己的价值观与组织的价值观一致。
- 感到自己属于这个组织，全身心地投入组织的活动。
- 对组织有一种主人翁意识。

若人们认为自己的领导者信誉不高，那么他们可能会：

- 只有在被严密监视下才肯工作。
- 只有金钱才能被激励。
- 在公开的场合说组织的好话，在私下的场合却说组织的坏话。
- 组织一旦出现问题就考虑另找一份工作。
- 感到没有得到支持，没有受到欣赏。

领导者如何才能获得信誉？什么才是具有信誉的行为？

______ ______ ______ ______ ______ ______ ______

明确价值观

价值观决定了我们的道德评判、我们对他人的反应，以及对个人目标和组织目标的投入程度。它将

- 帮助我们决定该做什么，不该做什么。
- 影响我们生活的各个方面。
- 指导我们每天做出各种决策。

信念留言

来自：______________________________

给：______________________________

主题：______________________________

日期：______________________________

在我不在的时候，你可以按照下列我所写的价值观和原则做出决定和采取行动。

我已经决定休假6个月。在休假期间，我将不可能通过信件、电话、传真、邮件或短信等任何方式和你联系。

信念留言

行动与价值观保持一致

以下是领导者展示其价值观的几种方式。

日程

你如何花费自己的时间可以清楚地表明对你来说什么是最重要的。如果你说某事是重要的，那最好在你的日程安排和会议议程上都把它显示出来，并亲自出面访问某地或接见某人。

关键事件

关键事件往往是在压力和挑战下发生的偶然性的、不期而遇的事件，可以把有关价值观的问题凸显出来。关键事件是教导行为准则的最好机会。

故事

故事是个人、团队和不同代人之间传递经验教训的最重要的方式之一。每当有人说“这个故事的寓意是……”，你就会明白，这个讲故事的人是要告诉大家一个重要的观点。领导者可以利用故事来例证价值观是如何在组织中落到实处的。因此，故事是一种精神地图，可以帮助人们明白什么是重要的，“在这儿该如何做事”。

语言

领导者往往很慎重地选择他们的语言，以确保人们获取准确的信息。他们使用隐喻（语言中所使用的某词或短语暗示着另外一种含义）和类比（揭示两个事物在某种条件下相互之间的相似性）来加强沟通。他们还使用提问的方法来找到问题，确定解决方案。

评测

评测和反馈是提高绩效的关键，所以，能被测量的结果和行为，是员工关注的焦点。领越®LPI就是一种重要的评测工具，帮助你聚焦领导者的关键行为。

奖励

你所奖励的行为、所认可的人，以及所庆祝的成就，会传达出非常强烈的信号：什么才是你真正看重的。如果你说价值观很重要，那就一定要以有形或无形的方式对有助于展现这一价值观的表现予以认可。

工作日程表中体现价值观的实例

核心价值观：为客户服务

行动设想

日程

- 每个月有一上午时间用来接听客户服务电话。
- 每周拜访一次客户。

关键事件

- 在日常服务中若再出现意外情况，就去一线部门工作，以示客户至上的原则。
- 在意外情况出现期间，赋予员工一定的权力，让他们把服务工作落到实处。

故事

- 每次员工会议开始的时候，都讲述客户服务故事，包括获得的成功经验或吸取的失败教训。

语言

- 从现在开始称员工为“伙伴”，而不是雇员。
- 在你的字典里没有“服从”一词。在跨部门协商时，不要使用“我们”或“你们”这样的字眼。

评测

- 开展客户满意度调查。
- 确定迈向成功的关键首要指标，把它们作为未来评测的主要内容。

奖励

- 面向全公司设立客户服务满意奖金，提高客户满意度。
- 为优秀的客户服务事迹喝彩！把这些事迹传播到公司的每个角落。

体现价值观的工作日程表

核心价值观：____

行动设想

日程

■
■
■

关键事件

■
■
■

故事

■
■
■

语言

■
■
■

评测

■
■
■

奖励

■
■
■

“以身作则”小结

在成为一个更好的领导者的旅程中你处在何处？

明确自己的价值观，找到自己的声音。

使行动与共同的价值观保持一致，为他人树立榜样。

你从“以身作则”中学到的最重要的两点是什么？

1.

2.

对于指导你的决策和行动的价值观与原则，你是否清楚？

习惯行为2

共启愿景

Inspire a Shared Vision

共启愿景

通向未来的道路没有捷径和坦途，那是一条荆棘丛生、变幻莫测的征途。在通向未来的征途中，没有路线图，也没有路标。

领导者要像探险家一样，为此他们要做好技能和经验上的准备。探险家还可以用指南针来确定方位，领导者却只能依靠梦想来导航。

领导者要展望未来。他们的目光穿越时间的地平线，想象自己和同事们一起到达目的地的各种美好情景。领导者目的明确，渴望变革，他们阐明未来的愿景，引导人们前进。

领导者知道员工的承诺来自自愿，而非命令。他们知道，愿景是一种对话，而不是独白。领导者需要与他人分享自己的梦想，让他们理解和接受；需要了解员工的梦想、期待、愿望与追求，把他们的想法与组织的愿景结合起来，成为大家共同的奋斗目标。领导者通过栩栩如生的语言和富有感染力的方式，把自己的激情和梦想传递给大家。

学习目标

展望未来，想象令人激动的、崇高的各种可能。

描绘共同愿景，感召他人为共有的愿望奋斗。

什么是愿景

愿景能够牵引人们前进。愿景勾画了一个明确的未来图景。愿景能让大家热情似火、精力充沛地为这个目标而努力奋斗。

理想（更高追求）

愿景是期待，是梦想，是愿望。愿景让我们改变现状。愿景告诉我们，应该追求的更高目标和更大利益是什么。

> 愿景是为了共同的利益面向未来的一种理想和具有独特性的图景描绘。

独特性（卓尔不群）

愿景是独特的，它能让我们卓尔不群，把我们与其他人区别开来，显得与众不同。

图景描绘（用描述性的语言把概念性或思想性的未来图景变得真实而感性）

生动的语言、隐喻、案例、故事、符号等沟通方式都可以使人们对于愿景印象深刻、难以忘怀。

面向未来（把目光投向目的地）

愿景描述的是令人激动的未来图景，它能够放飞我们的梦想。

共同利益（人们团结一致的途径）

愿景就是培养一种共命运的意识。领导者必须能够向员工展示只有积极参与到实现愿景中来，成为其中的一部分，他们的利益才能得以实现。

给你的未来愿景注入活力

在下页画一幅“思维导图”，具体说明你的一个主题。

1. 挑选一个与你的未来相关联的主题。

2. 把这个主题写在下页的圆圈中央。

3. 尽可能利用一切可利用的手段——事件、声音、画面、感觉、人物、地点等来使这个主题变得生动而鲜活。

“共启愿景”小结

展望未来，想象令人激动的、崇高的各种可能。

描绘共同愿景，感召他人为共有的愿望奋斗。

你从“共启愿景”中学到的最重要的两点是什么？

1. ……………………

2. ……………………

对于那些给你生活和工作意义和方向的重要主题和价值观，你对它们的认识有多清楚？

习惯行为3

挑战现状

Challenge the Process

挑战现状

挑战成就卓越。领导者拥抱机会以检验他们的才智。他们寻找创新方法以改善他们的工作和组织。

领导者勇于冒险。他们愿意踏入未知的领域。他们知道创新更多地来自倾听而不是说教。他们探寻并认可好的想法，挑战现有体系，使好的想法被采纳。

卓越的领导者就是卓越的学习者。他们知道冒险会带来错误和失败，所以他们视失败为难得的学习机会。他们愿意尝试、冒险，以便发现更好的做事方法。领导者营造使人安心的环境，在这个环境中人们能够从他们的成功及失败中学习。

学习目标

通过捕捉创意和从外部获取创新方法来猎寻改进的机会。

进行尝试和冒险，不断取得小小的成功，从实践中学习。

一个面对挑战的领导者

从外部获取想法

好的想法从哪里来？你有什么好的方法从外部——你的团队、组织、行业之外搜寻机会和创新方法？

跳出思想的束缚。

冒险并从错误中学习

建立并巩固信任的原则

1. 你必须持续建立并巩固信任，永远不要认为信任想当然可以获得。

2. 有时候信任会衰减。当这样的情况发生时，参照第 1 条原则。

帮助人们去冒险并从错误中学习

对于发生错误及营造学习氛围你有什么结论？

你将如何营造学习氛围，使人们从创新过程中的常见错误中学习？

一步一台阶

领导者都做些什么小事情来取得进步?

小小成功

小小成功造就了成功的典范，它吸引愿意为成功而冒险的人们。

领导者确定起跑点，并始于示范行动。他们把大问题分解成小块的、易解决的小问题来赢取小小的成功。领导者努力寻找能使团队易于成功的方法。

为何要赢取小小成功?

是什么使赢取小小成功在应对变化时如此有效?

赢取小小成功的关键行动

- 细分问题。把大问题分解成为小块的、易解决的小问题。
- 做出示范。为你要做的事情建立一个示范模式，你就能知道是否行之有效。
- 简单易行。你的梦想可以是远大的，但你的行动应该简单明了。
- 从易开始。帮助人们发觉他们能够实现目标。
- 积累认同。先就一件事情达成共识，然后是第二件、第三件，等等。
- 勤于尝试。尝试、失败、学习，再尝试。
- 提供反馈。让人们知道他们干得如何。
- 庆祝胜利。每取得一次阶段性的成功，抽出时间互相庆祝。

“挑战现状”小结

你从“挑战现状”中学到的最重要的两点是什么？

1. ……

2. ……

从何处你能找到创新想法来应对挑战？

通过捕捉创意和从外部获取创新方法来猎寻改进的机会。

进行尝试和冒险，不断取得小小的成功，从实践中学习。

习惯行为4

使众人行

Enable Others to Act

使众人行

领导者绝非独自前行。领导者知道，要使远大的梦想成为现实，需要稳定的信任和牢固的关系。领导者促进协作。他们培育人们的自尊，使人们感觉强大并有能力。领导者坚信，大家都成功，才是每个人的成功。

领导者使人们做好工作。他们以团结合作的精神凝聚团队，让团队有集体归属感。领导者让人们共同制定规划、做出决策，共同构建协同目标和协作关系。

领导者与他人分享权力和信息，赋予人们知名度和信誉度来增强和发展他人。作为教练和老师，领导者给予人们富有挑战性的工作，提供人们获得成功所必备的工具，帮助人们扫清前进道路上的障碍。

学习目标

通过建立信任和增进关系来促进协作。

通过增强自主意识和发展能力来增强他人的实力。

"对我来说，给人力量的最佳方法，就是赋予他创造力和自主权，去探寻新创意及思考的方式。"

——吉尔·克里夫兰（Jill Cleveland）
苹果公司财务经理

有能力时刻、无能力时刻

回忆一两个时刻，当某人说了或做了什么时，你感觉到有能力（Powerful）。

描述一下这个人具体说了或做了什么，越详细越好。

回忆一两个时刻，当某人说了或做了什么时，你感觉到无能力（Powerless）。

描述一下这个人具体说了或做了什么，越详细越好。

当某人所说所做使你感觉有能力时，对你的生产力和积极性产生了什么影响？

当某人所说所做使你感觉无能力时，对你的生产力和积极性产生了什么影响？

作为一个领导者，这些对你意味着什么？分享一下你的见解。

有能力时刻

- 使人们感觉有能力的行为会使人动力倍增；使人感觉无能力的行为，则使人动力尽失。
- 感觉有能力常常使人表现更好、更积极、更投入、更有绩效。
- 使人们感到有能力、有价值是信任的根本，它是驱使人们愿意去冒险以获得卓越成果不可或缺的组成部分。

最近你说了或做了什么使你的追随者感觉动力倍增、很有能力？举例说明，越详细越好。描述在何时你的所说所做使谁感觉到有能力。

最近你说了或做了什么可能导致你的追随者感觉动力尽失、无能力？举例说明，越详细越好。

是什么阻碍了人们行动？

你如何去除或减少这些障碍？

领导者如何增强他人实力

领导者的行动

领导者的贡献

领导者的关系

你能做什么？

发展合作目标和职责

共有的目标和共有的职责将人们绑在一起共同奋斗。人们作为个体工作在一起，他们认识到为了成功他们彼此需要。他们坚信每个人都要有所贡献，坚信通过合作，他们能够顺利地完成任务。

领导者需要思考：在既定的情况下，他们应该做些什么来促进协作？他们应该如何造势，使每个团队成员必须为成功做出贡献，造就所有人都赢才算赢的局面？

随着你对领导力的不断理解，在你的 LPI 反馈报告中表述的 30 个领导行为中，你认为哪 6 个具体领导行为你可以经常性地予以实践？

对于你想要提高发生频率的行为，写下你的行动设想。

行为编号及表述：

行为设想：

行为编号及表述：

行为设想：

行为编号及表述：

行为设想：

行为编号及表述：

行为设想：

行为编号及表述：

行为设想：

行为编号及表述：

行为设想：

“使众人行”小结

通过建立信任和增进关系来促进协作。

通过增强自主意识和发展能力来增强他人的实力。

你从“使众人行”中学到的最重要的两点是什么？

1.

2.

在我们的组织中，这个挑战与你的技能之间的关系如何？

习惯行为5

激励人心

Encourage the Heart

激励人心

在组织中成就卓越，是一个艰巨的任务。攀登高峰是艰辛而漫长的过程，人们会在这一过程中变得精疲力竭、满身创伤、灰心丧气，因而时常会产生放弃的念头。此时，领导者要激励追随者继续前进，用勇气和期待来激励人心。

为了使期待和决定变得生动具体，领导者要真诚地表扬员工的卓越表现。领导者要以自己的团队为荣，要让每个人都感觉到他们自己每天都是英雄。

学习目标

通过表彰个人的卓越表现来认可他人的贡献。

通过创造一种集体主义精神来庆祝价值的实现和胜利。

最有意义的认可活动

想想你曾接受到的最有意义的认可。它或许与你生活中的某部分相关——工作、家庭、学校或社区。那是一次什么样的活动？你为何会得到这样的认可？是什么使得它对你很有意义？尽可能详细描述。

你从同事那里也听到一些很有意义的被认可的故事。这些故事的共同点是什么？

“如果每个人都在做着一个伟大的工作，让他们知晓这一切会有什么问题吗？”

——林德斯·莱文（Lindsay Levin）
Whites Group 主席

激励人心的基本要点

期待发挥最佳水平

成功的领导者无论对自己还是对他人都有很高的期望。当期望较高时，人们就会经常设立较高的绩效标准。领导者通过让人们知道对他们的期望并激励他们不断努力，获得最佳的业绩。

个性化地认可他人的贡献

领导者关注卓越的成就，同时也关注一定范围内的较小成就，即便是个人的突破，也要认可他们。个性化是使认可有意义的基础。例如，领导者可以通过讲述生动的故事来强化员工被认可的原因。个性化的认可能够让员工觉得自己与众不同，领导对自己的成就十分关注和感兴趣。

创造集体主义精神

领导者不仅要认可个人的卓越成就，还要庆祝团队的价值实现和胜利。大家聚在一起共同庆祝，可以增强集体感、归属感和参与感。它所传达出来的信息就是：如果取得了卓越的成就，每个人都可以从中受益；它还可以提醒人们，大家共同努力，就会发挥巨大的潜力。

亲自参与

心中未表之事就无法委托别人办理。作为一个领导者，你必须搜寻正确做事的榜样。你必须用眼去观察员工，对他们说“谢谢”。你还要亲自参与到员工中去，这样你才能知道什么时候他们值得认可，在他们面临棘手问题时给予肯定和指导。你的鼓励行为会传达非常明确的信息：员工做的哪些事是重要的，是符合原则的。

“激励人心”小结

你从“激励人心”中学到的最重要的两点是什么？

1.

2.

通过表彰个人的卓越表现来认可他人的贡献。

在许多种认可中，哪一种能让你的团队成员真正受益？你如何将它个性化？

通过创造一种集体主义精神来庆祝价值的实现和胜利。

做出承诺
Committing

做出承诺

卓越的领导者都是卓越的学习者。领导力的提升是一个需要持续修炼的过程。

许多领导技能都可以在课堂中学到，但我们还要从他人和经验中学习。我们必须充分利用一切机会，实践我们的技能。我们可能会失败，但我们能从错误中学习。

工作日程表：明确我的目标

1. 回顾你在本次课程中所做的记录，同时也回顾一下你参与的讨论和活动。基于前面的总结，挑选出一种习惯行为，在未来的 30 天（短期目标，你可以在研修结束后立即实施）或未来 90 天（长期目标，需要做一些准备工作）中着力改善。

你想要改善的领导行为是：

下列模板有助于思考你的目标：

在（时间内），**我将**（改进、增加、减少、消除）__________，**从而**（描述个人和组织的收益）。**我的成功将通过**（可描述的、有形的、可观察到的结果）**进行衡量**。*

*Reprinted from The Six Disciplines of Breakthrough Learning (p. 91) by C. Wick, R. Pollock, A. Jefferson, and R. Flanagan. Published by Pfeiffer, An Imprint of Wiley, 2006.

2. **为了进一步改善你刚才已经挑选出的领导习惯行为，请制定短期和长期目标。**思考你为何选择该目标，为了达到目标你必须采取的行动。

短期目标（30天内完成）：

目标

选择的原因

达到目标的具体行动

长期目标（90 天内完成）：

目标

选择的原因

达到目标的具体行动

做出承诺

1. 对你的提升规划实际检验一下：规划是否明确？其他人是否听懂了、理解了？你是否忽视了其他一些创意或建议？

2. 向你的结对同伴做出承诺，保证自己会切实地采取行动。

3. 拟定时间，至少两次以电话或面谈的方式与你的同伴讨论你的目标和行动，包括你都做了些什么、发生了什么事及你从中都学到了什么，下一步你要做什么。

第一次谈话的日期和时间（30 天之内）

第二次谈话的日期和时间（90 天之内）

同伴的姓名：

电话：

E-mail:

同伴的签名：

你的领导力提升之旅

在领导力提升之旅中，我们祝愿你永远快乐、成功！

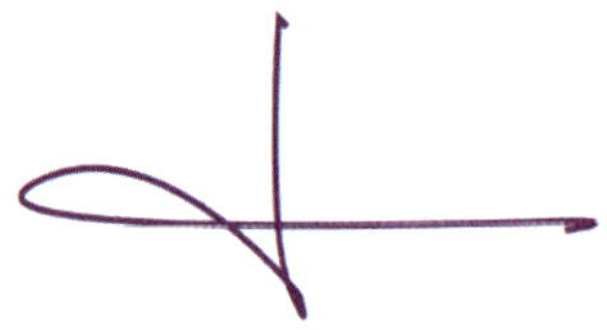

詹姆斯 · 库泽斯

巴里 · 波斯纳

如果我们做到了以下 3 点，我们就可以证明自己立志要成为一名卓越的领导者，或者是准备朝着这个方向尽一切努力：

- 自主选择目标。
- 公开自己的行动计划。
- 不给自己留退路，做出承诺，采取切实的行动。

这就是你在这部分所要做的。你已经自主选择了你想实现的目标及为实现这些目标你打算采取的行动。已经至少对一个人公开陈述了你的行动计划。而且，通过签署你的承诺书，以及约好与他人讨论你要实施的行动，你也已经切断了自己的退路，使自己必须践行自己的承诺。

但当你离开领越®领导力研修班之后，对你的承诺真正的检验才刚刚开始。所谓真正检验就是回到组织后，你是否“说到做到，言行一致”。运用在这里所学到的东西，当你在实际行动中迈出第一步时，你的个人信誉也就随之得到了增强。

"真正的分水岭是激情。只要你认为你做的事情是有意义的，你便能不再害怕和消除疲惫，并迈出下一步。"

——阿伦·布鲁（Arlene Blum）
生化博士，登山爱好者

领导力提升后续之路

有效的领导力提升不是短期可以实现的，它需要一个持续研修的过程。我们为你提供了提升领导力所需的资源，这些资源有助于你在参加领越®领导力研修后持续改善五种习惯行为。

领越®领导力研修：实践手册

帮助领导者每天实践卓越领导五种习惯行为，改善领导技能。本实践手册作为领越®领导力研修的贯彻实践手册，用于指导研修者如何在今后的日常生活与工作中开展领导力实践活动。本手册提供了工作日程表和实用表格来填写实践活动。

领越®领导力研修：学员手册

本书是研修学员教材，是领越®领导力研修工具的组成部分。本书讲解了卓越领导五种习惯行为，列示了学员可以效仿的具体行动，介绍了提升领导力的各种方法，以及如何将五种习惯行为应用到实际工作中。

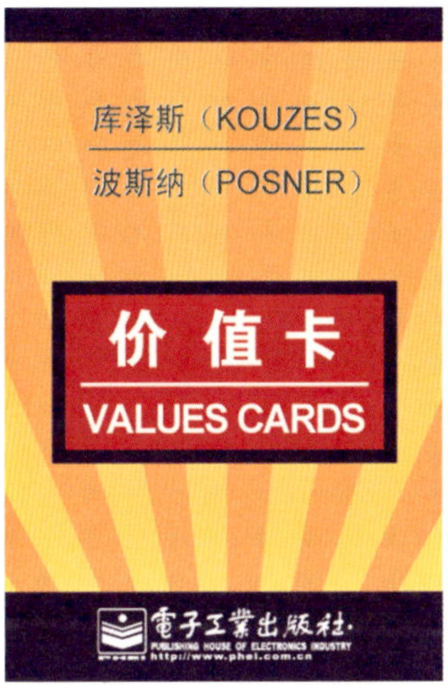

价值卡

这是在领越®领导力研修中使用的一个非常重要的工具，共有52张卡片，每张卡片有一个反映价值观的单词。本工具可帮助学员明确自己的价值观，指导自己的行动与价值观保持一致。

领越®LPI：领导力提升规划（第4版）

作为领越®LPI以及领越®领导力研修工具的一部分，本书回顾了卓越领导五种习惯行为，描述了学做领导的最佳实践，并提供了100多种成为更优秀的领导者的具体提升方法。它可帮助你找到较佳的领导力提升途径，指导你制定适合自己的个性化规划，让你成为优秀的领导者。

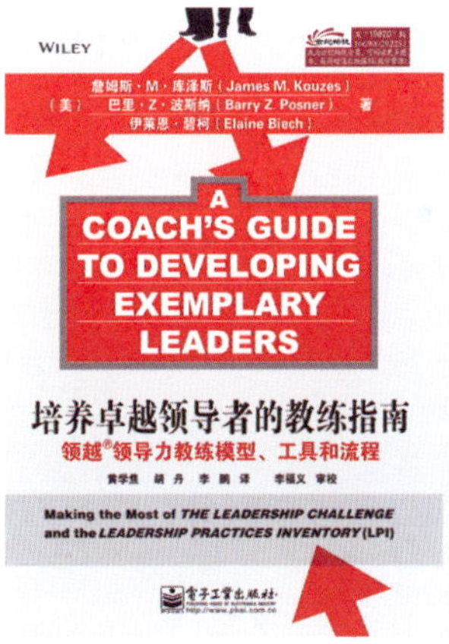

培养卓越领导者的教练指南：领越®领导力教练模型、工具和流程

领导力专家詹姆斯·库泽斯、巴里·波斯纳和教练专家伊莱恩·比斯将教练技术引入其已被全世界认可的领导力提升模型，提供了明晰的路线图，可以快速、轻松地将读者的教练水平提升到一个新的高度。书中概括了成为优秀教练的六步骤，可以将其与“卓越领导五种习惯行为”结合起来进行高效教练。

领导力（第 6 版）

本书是领导力领域全球销量突破 200 万册的经典权威著作，已被翻译成 20 多种语言。 领导是一种人与人之间的关系，领导力是带领大家迎接挑战走向卓越的能力。通过 30 多年的研究和对几千个领导者案例的分析，作者提炼出了卓越领导五种习惯行为和十大承诺，并给出了具体的行动指南。

激励人心——提升领导力的必要途径

30 年潜心研究的结果，数千个领导力案例的剖析，资深咨询顾问及世界级畅销书作家为我们深入浅出地阐述了领导力的核心是对人的关心和激励，是心与心的沟通与互动，同时也提供了 150 种激励方法。

留下你的印记——体现领导力的最高境界

库泽斯和波斯纳以他们独特而富有挑战性的视角，剖析并告诉领导者如何在自己的领导生涯中留下极具影响力的印记，同时阐述了领导者追求留下持久印记的过程就是一个人从成功走向卓越的过程。

信誉（第 2 版）

信誉是领导者赢得其追随者信任的一种个人品质。本书不仅描述了信誉对领导者、事业成功的重要性，而且还给出了增强领导者信誉的原则和修炼方法、可以采取的行动、领导者要想达到其追随者的期望所面临的挑战。最终你将明白，信誉是领导力的基石。

领导力的真理

詹姆斯 · 库泽斯和巴里 · 波斯纳基于 30 年的研究，总结出了 10 个领导力的真理，它在任何时代背景和环境下都适用的领导力理念，是领导力的核心所在。领导者掌握了这 10 条领导力真理，就可以在瞬息万变和充满竞争的市场环境中，从容应对各种领导力难题，在组织内起到更高效和更有影响力的作用。

学习领导力

本书揭示了成为卓越领导者的五项基本原则——相信自己，追求卓越，挑战自我，寻求支持，刻意实践，并就如何增强和拓展领导能力提出了一系列方法。每章都讲述了一个成为卓越领导者的关键原则，提供了一个可操作的实践方法，通过这些易于理解与实践的自我教练行动，可以帮助你提升自己领导力软技能与硬技能，从而创造更大的成就。

作者简介

About the Authors

詹姆斯·库泽斯和巴里·波斯纳是曾荣获各种奖项、极为畅销的《领导力》一书的作者。这本书被列入 *The 100 Best Business Books of All Time* 前 10 名，获得了 James A. Hamilton Hospital Administrator 的年度图书奖，以及 Critics' Choice 奖，是《商业周刊》的最畅销书之一，被翻译成 20 多种语言，销量超过 180 多万册。

詹姆斯和巴里合著了 12 本以上有关领导力方面的书，包括：《留下你的印记》（此书被选入 *Soundview Executive Book Summaries* 年度 30 本最佳图书）、《信誉》（此书被选入 *Industry Week* 年度最佳五本管理书）、《激励人心》、*The Student Leadership Challenge*、*The Academic Administrator's Guide to Exemplary Leadership* 等。詹姆斯和巴里还开发出了受到高度赞誉的“领导者习惯行为清单”（领越® LPI），该问卷是对领导行为的 360° 评估，如今已成为世界上被广泛使用的领导力评估工具之一。有超过 400 篇博士论文和学术研究项目是建立在“卓越领导五种习惯行为”模型基础之上的。

在詹姆斯和巴里获得的各种奖项中，有美国 ASTD（American Society for Training and Develop-ment）为表彰他们在工作场所中的学习和绩效方面的突出贡献而颁发的最高成就奖；有国际管理委员会（International Management Council）授予的年度管理 / 领导力教育家（这使他们跻身于肯·布兰佳、彼得·德鲁克、爱德华·戴明、李·艾柯尔、汤姆·彼得斯、斯蒂芬·柯维、范希斯·海斯本、罗萨比斯·莫斯·康特以及罗曼·文森特·皮埃尔等大名鼎鼎的获奖者人士之列）。他们还被《领导力教练》（*Coaching for Leadership*）选入美国最好的

50 名领导力教练。詹姆斯和巴里还是众多研讨会的发言人，他们两位分别都曾经为数百个组织做过领导力开发项目，包括：Apple, Applied Materials, ARCO, AT&T, Australia Post, Bank of America,Bose, Charles Schwab, Cisco Systems, Community Leadership Association, Conference Board of Canada, Consumers Energy, Dell Computer, Deloitte Touche, Dorothy Wylie Nursing Leadership Institute, Egon Zehnder International, Federal Express, Gymboree, Hewlett-Packard, IBM, Jobs DR-Singapore, Johnson & Johnson,Kaiser Foundation Health Plans and Hospitals, L. L. Bean, Lawrence Livermore National Labs, Lucile Packard Children's Hospital, Merck, Mervyn's, Motorola, NetApp, Northrop Grumman, Roche Bioscience, Siemens, Standard Aero, Sun Microsystems, 3M, Toyota, the U.S. Postal Service, United Way, USAA, Verizon, VISA, and The Walt Disney Company。

詹姆斯·库泽斯

詹姆斯•库泽斯是圣克拉拉大学列维商学院领导力项目执行主任。他不仅是备受尊敬的领导力领域的学者，还是富有经验的主管。曾被《华尔街日报》提名为美国最受欢迎的 12 位企业培训家之一。

在 2006 年，詹姆斯获得了国际主持人协会（Toastmasters International）颁发的最高奖——金木槌奖。自 1988 年至 1999 年间，詹姆斯•库泽斯先后担任汤姆•彼得斯公司的总裁、CEO 以及董事会主席。1981 年至 1987 年间，詹姆斯负责领导圣克拉拉大学的管理开发中心。1972 年至 1980 年间，他还是圣何塞州立大学人力资源服务中心的创办人，也是得克萨斯大学社会工作系的教师。詹姆斯 • 库泽斯的培训与开发职业生涯开始于 1969 年，那时，他作为西南城市队中的一员，参与了“社区行动机构”组织的活动，并成为向贫困开战运动的志愿者。詹姆斯 • 库泽斯于 1967 年获得密歇根州立大学政治学学士学位，毕业后从事和平组织志愿者工作（1967—1969）。他还获得了 San Jose 州立大学商学院授予的组织内部开发认证。詹姆斯 • 库泽斯的 E-mail：jim@kouzes.com。

巴里 · 波斯纳

巴里 • 波斯纳是圣克拉拉大学列维商学院（加州硅谷）的教授。1996 年至 2009 年期间，作为院长在该校获得了多项教学与创新奖。作为一名国际知名的学者和教育家，波斯纳是 100 多篇学术类和实务类论文的作者或合著者。

波斯纳还是 *Leadership and Organizational Development*、*The International Journal of Servant-Leadership* 和 *Leadership Review* 等杂志的编委会委员。波斯纳是一个热情洋溢的会议演说家和精力充沛的研修导师。他以优等生的身份获得加利福尼亚大学圣巴巴拉学院政治学学士学位，在俄亥俄州立大学获得公共管理硕士学位，在马萨诸塞大学获组织行为与管理理论博士学位。他曾为全球多家私人和公共机构或公司提供过专业咨询服务，目前正担任美国 EMQ Family 董事会董事。此前，他还担任过美国建筑师协会（AIA）、Junior

Achievement of Silicon Valley and Monterey Bay，San Jose Repertory Theater，Public Allies，Big Brothers/Big Sisters of Santa Clara County，the Center for Excellence in Nonprofits，Sigma Phi Epsilon Fraternity 以及众多创业公司的董事。波斯纳的 E-mail：bposner@scu.edu。

反侵权盗版声明

世纪波

www.century-wave.com

世纪畅优

www.century-vision.com